MW01715422
350779

7

Bob Kolar

Tu viens jouer ?

ou comment se faire des amis

ALBUMS circonflexe

3 0001 00353 304 1

Les petits personnages dessinés au trait tout au long du livre se saluent sur chacune des doubles pages dans une langue différente, successivement en anglais, français, swahili, japonais, russe, espagnol, italien, allemand, portugais, chinois, hollandais, polonais, hébreu et hindi. Sur les paillassons de l'avant-dernière double page, le mot *bienvenue* est écrit, de gauche à droite, en anglais, swahili, allemand, hollandais, français, chinois, japonais et russe.

Pour

Jonathan

et

Nicholas

Traduction de l'américain par Catherine Bonhomme

Copyright © 1999 by Bob Kolar
Titre original : *Do You Want To Play ?*
Published by arrangement with
Dutton Children's Books, New York,
a division of Penguin Putnam Inc., New York
© 1999, Circonflexe pour l'édition en langue française
ISBN 2-87833-233-4
Imprimé en Italie. Dépôt légal : mars 1999
Loi n° 49-956 du 16 juillet 1949
sur les publications destinées à la jeunesse

Hé ! Tu as envie de jouer ?
Je connais un endroit formidable.

Bien sûr !
Je suis toujours d'accord
pour jouer.

Voici ma nouvelle maison.

Invitons-les.

Les voilà !

C'est ici. Tu vas te régaler !

Oui, on va s'amuser comme des fous.

CONSEIL D'AMI # 1

Choisis tes amis sans te mettre les doigts dans le nez... ni dans celui de tes amis.

VOISINS ET COPAINS
BRAVO ! Tu as réussi !
Plus rapide que moi tu meurs !
Je te tiens, tu me tiens
Hé ! hop là !
PAR LA BARBICHETTE...
Pour moi ?
C'est pour toi !
Par là
Ne rien renverser
Je suis ton fidèle copain.
JE SUIS L'AMI FRUIT
Du calme !
Fais gaffe au chien !
EH BIEN, DANSONS maintenant !
Tu es prêt ?
Je chaaaante...
D'accord !

Conseil d'ami # 3
Les voyages forment l'amitié. Venez faire un tour !
BONJOUR !
Dépêchez-vous !
Le spectacle va commencer.
Regarde ! Le soleil et la lune
sont au rendez-vous !
Alors, on ne va pas
se coucher de la nuit ?
Et pour finir...
GRATUIT
CONCERT
Bonjour!

J'espère que c'est un beau spectacle.
Moi, je suivrai le spectacle d'ici. Nous vous avons réservé les meilleures places.
Où sont les pop-corn ?
Comment trouves-tu ma coiffure ?
Superbe ! Dépêchons-nous !
Attention, ça glisse !
BONNES
PLACES
DISPONIBLES

Ici, chacun joue ce qu'il veut avec son instrument, et le tout fait une belle mélodie. Prêts ? Et un et deux et…

Conseil d'ami # 11

On peut aimer aussi avoir des amis silencieux.

Oh, quelle belle musique !

C'est toujours aussi bien la musique entre amis ?

Non. Parfois on n'est pas d'accord du tout, et alors l'orchestre sonne faux comme une casserole.

Il nous arrive de nous disputer mais nous nous réconcilions toujours.

Conseil d'ami # 6

Un bon ami ne se moque jamais de vos habits.

C'EST MOI QUI
OMMANDE ICI !
LES MOTS PEUVENT FAIRE MAL.
AÏE !
Parce que ... C'est comme ça !
Pardonne-moi ! Je ne pensais pas te faire de la peine.
J'aime bien mon grand nez. Et je me moque de ce qu'en disent les autres.
C'est pas juste ! Tu n'écoutes pas.
Ce sont *mes* bottes.
Oh, comme je te déteste !
Au fait, j'ai oublié pourquoi nous nous disputions.
Je m'embête !
Tu as triché.
Je te demande pardon. C'était un accident.
Désolée, j'ai menti.
Je te pardonne mais tâche de ne pas recommencer.
MANUEL DU PARFAIT AMI
Servez-vous.
Toujours copains ?
TÊTE DE MULE !
Mauviette !
Bien sûr !

MANUEL DU PARFAIT AMI

CHAUSSETTES — Multicolores (c'est pour rire ! N'importe quelle paire fera l'affaire. On peut même ne pas en mettre du tout !)
PIEDS — Pour danser, bien sûr (n'importe quelle pointure ira)
Conseil d'ami # 14
Tes frères et sœurs peuvent être tes meilleurs amis même s'ils dérangent parfois tes affaires.
Nous avons vraiment tout ça ?
Pas mal, non ?
SOIS TOI-MÊME, ET TOUT IRA BIEN.
Privet

SAUTER EN HAUTEUR

RACONTER DES BLAGUES

CONSTRUIRE

JOUER AUX SUPER-HÉROS

FAIRE SEMBLANT

GOÛTER

JOUER AVEC UNE BALLE

EXPLORER

PARTAGER SES SENTIMENTS

FAIRE LE MÉNAGE

FAIRE DES GRIMACES

DONNER UN SPECTACLE

JOUER ENCORE AU BALLON

GOÛTER À NOUVEAU

FAIRE LA GRASSE MATINÉE

FAIRE DU BRUIT

Conseil d'ami # 3

Lorsqu'on joue à cache-cache, le véritable ami fait du bruit pour aider celui qui n'arrive pas à le trouver

Règle du jeu

1) RÉUNIS DES AMIS
2) PRENDS UN DÉ
3) UTILISE DES PIÈCES DE MONNAIE COMME PIONS
4) LE PLUS JEUNE COMMENCE
5) LE PREMIER QUI ARRIVE À LA CASE « FIN » A GAGNÉ

Maintenant j'ai envie d'être seul
pour pouvoir lire.

Conseil d'ami # 1

Si tu aimes quelqu'un, dis-le-lui. Mais ne dis rien à ceux que tu n'aimes pas.

LE GRAND OURS EN COLÈRE

UN BEAU MATIN, un lapin et un écureuil se promenaient dans la forêt, lorsque soudain ils rencontrèrent un grand ours en colère.

« Pourquoi es-tu si en colère ? » demanda le lapin.

« C'est tellement mieux d'être content », dit l'écureuil.

« Je suis en colère, voilà tout ! grogna l'ours. En fait, je suis dans une colère si noire que je veux vous dévorer tous les deux pour mon déjeuner. »

Les deux amis eurent soudain très peur. Rusé, le lapin dit : « Cher Ours, il est bien trop tôt pour faire un vrai déjeuner. Pourquoi ne ferions-nous pas d'abord un match de foot ? »

« Quelle bonne idée ! ajouta l'écureuil, je suis sûr que tu es un fameux buteur. »

Le grand ours en colère hésita un moment. Il n'avait jamais fait de football. Les animaux de la forêt le craignaient tant qu'ils ne l'invitaient jamais à jouer. « Bon ! d'accord ! répondit-il enfin, en pensant que cela pourrait être amusant. Mais jusqu'à l'heure du déjeuner seulement ! »

Et la partie commença. Naturellement, le grand ours en colère jouait très mal. Il ratait tout, et plus il jouait, plus il était en colère. « Ce jeu est stupide ! rugit-il. C'est pas l'heure de déjeuner maintenant ? »

« Oh ! pas encore », s'écria le lapin.

« Ce ne sera l'heure du déjeuner que lorsque tu auras marqué un but », dit l'écureuil.

Mais au bout d'un très long moment, les deux amis eurent pitié de l'ours et se mirent à lui donner des conseils. « Regarde le ballon ! » « Tire comme ça ! » « Attends le bon moment ! »

Alors l'ours fit très vite des progrès et trouva ce jeu très amusant. Il finit même par marquer un but. « C'est l'heure de déjeuner », grogna-t-il.

Les deux amis prirent peur. Mais l'ours, décidément, était devenu fou de foot. Bien sûr, il avait aimé marquer. Mais ce qu'il avait aimé par-dessus tout, c'était d'avoir des amis avec qui jouer. « Lapin et écureuil, dit-il, si vous me promettez une chose, je ne vous mangerai pas. »

« Quoi ? » demandèrent les deux autres.

« Promettez-moi que nous allons devenir amis tous les trois et que nous ferons une partie après le déjeuner. »

Le lapin et l'écureuil promirent et les trois amis allèrent faire un bon déjeuner de baies et de verdure. Depuis, ils jouent souvent au foot ensemble et l'ours marque des buts en tirant de l'autre bout de la forêt.

FIN

Coucou ! Me revoilà !
Je t'ai attendu.
Tu m'as manqué.
Ne me dérangez pas ! Je lis.

Tu m'as manqué, toi aussi.

Qu'est-ce qui se passerait
si tu t'en allais pour de vrai ?
Si tu déménageais ?

Conseil d'ami # 8
Partage tes bonbons.
C'est pour ça qu'il y en a plusieurs dans un paquet.

Si je déménageais ? Mais nous pourrions continuer à être amis.

Conseil d'ami # 2

Ne casse pas les pieds à un plus petit !
Ne casse pas les pieds à un plus grand !
En fait, ne casse les pieds à personne !

Ah oui ! Comment ça ?

Oh, j'ai pigé ! Nous pourrions nous rendre visite, nous téléphoner, nous envoyer des cartes postales...

... échanger des photos, écrire des lettres. Nous trouverons mille façons de rester amis. Et quand on se reverra, on fera une fête d'enfer.

Conseil d'ami # 10

Tous les gens valent la peine d'être connus.

Whhhhheeeeeeeeee!
Bonjour, les fleurs !
Quelle merveill façon de visit le monde !
J'aimerais bien venir, mais je suis trop occupée.
Dzien dobry
Revenez vite

En avant, les amis ! Pédalons, pédalons !

Tous ensemble, amis, fonçons sur Pampelune !

Entre amis c'est si simple de décrocher la lune !

Amis de tous les jours, la lune nous sourit !

Amis de tous pays, mettons-nous tous en rond !

Sortons de nos paniers nos bisous, les amis !

Conseil d'ami # 5

Ne cancane pas, cela pourrait faire de la peine à quelqu'un.

Nous avons plein d'amis et beaucoup de place. Tous ensemble nous partageons un super endroit.

Conseil d'ami # 12

Si tu as quelque chose d'intéressant, partage-le au bout d'un moment

enons-nous par les mains et dansons !
WELKOM
104
76
歡迎
ようこそ
Shalom
Bienvenue
Добро пожаловать!
Ne fais pas le timide. Viens !
J'ai pris racine.
J'aimerais danser.
J'adore faire la ronde.
Attention ! J'ai les mains qui vont lâcher !
8

Ouvert
24 h / 24
Pays des Amis
Tu as vu mes lunettes ?
Ouah…
Je t'aime un peu, beaucoup, à la folie.
Parfois j'ai peur.
Un jour je serai célèbre.
J'aime le basket.
Aujourd'hui, c'est mon anniversaire.
Alors chantons «Joyeux anniversaire»
J'aime faire de la musique.
C'est moi le roi.
J'ai lu deux livres aujourd'hui.
Le rouge est ma couleur préférée.
Tu veux bien danser ?
Si tu ne me marches pas sur les pieds.
Qui donne sa langue au chat ?
Je peux diriger.
C'est pas toi qui comma
C'est déjà l'heure de rentrer ?
LE FINAL
Dansons la capucine…
Salaam

On peut s'arrêter pour manger un peu ?

J'aime dessiner.

Alors, fais mon portrait.

Je danse comme un petit rat de l'Opéra.

J'ai la tête qui tourne.

Je suis très élégant.

Tu as vu ma queue de cheval ?

Avant de nous quitter, chantons tout haut ce que nos cœurs murmurent tout bas.

Je n'ai pas envie d'arrêter.

Tu n'as pas besoin,
il reste encore une page.

Je m'en donne
à cœur joie.

Conseil d'ami # 9

Si quelqu'un ne veut pas devenir ton ami, trouve quelqu'un d'autre qui en a envie.

C'est la dernière page.
Que faire maintenant ?
Tu viens jouer ?
Hello again
A bientôt
Conseil d'ami # 27
Découvrir un nouveau copain, c'est comme goûter un nouveau parfum de glace.

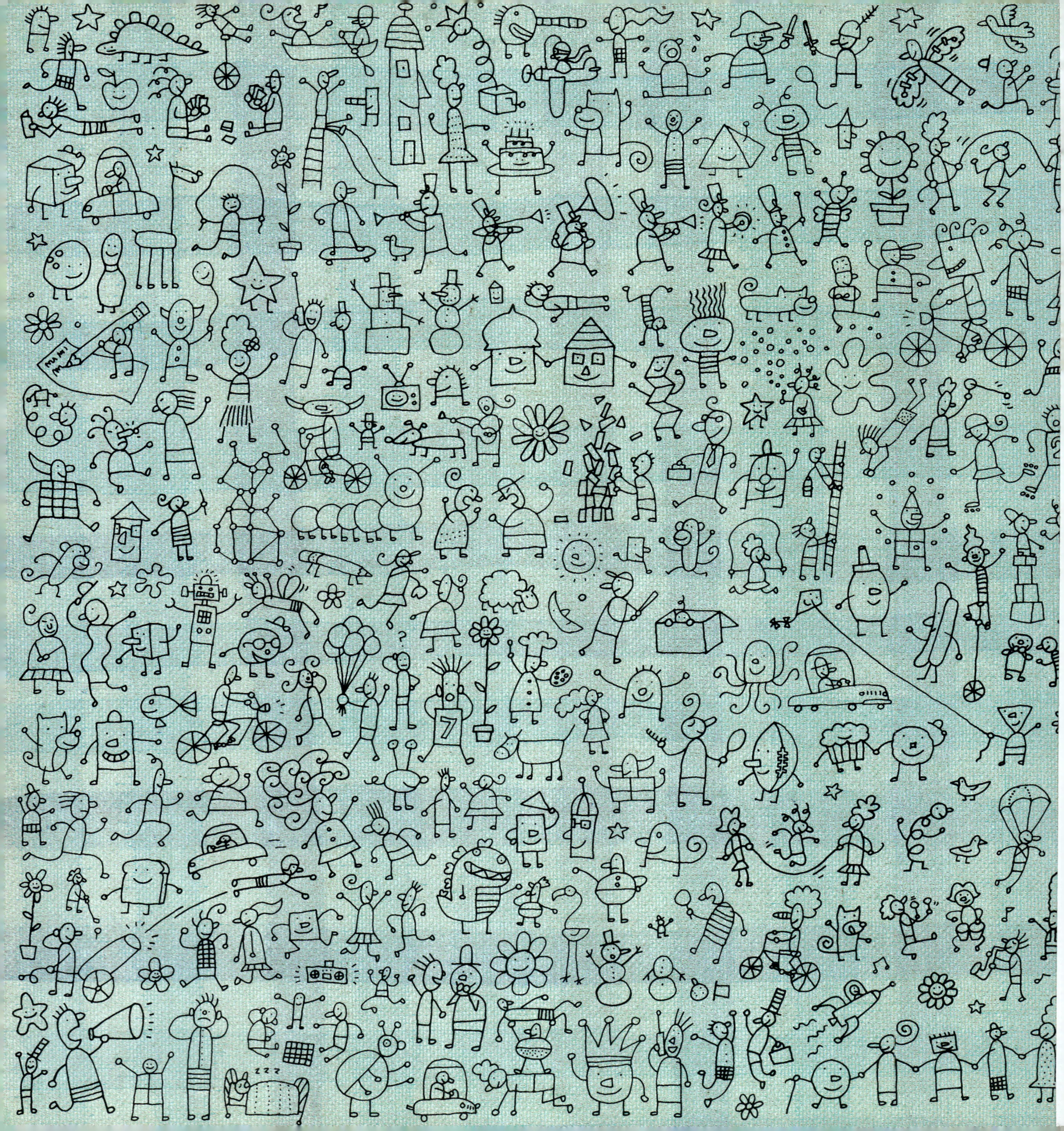
7